LK 7 1977

NOTICE

HISTORIQUE ET ARCHÉOLOGIQUE

SUR LE

CHATEAU ET LA VILLE DE CHATEAU-THIERRY

Entrée du Château de Château-Thierry.

NOTICE

HISTORIQUE ET ARCHÉOLOGIQUE

SUR LE CHATEAU ET LA VILLE

DE

CHATEAU-THIERRY

PAR

P.-J. DELBARRE,

Membre de l'Institut des Provinces et des Sociétés Archéologiques de Laon et de Soissons,

ET

E.-A. BOUVENNE,

Archéologue, Membre de la Société archéologique de Soissons.

PARIS
PARMENTIER, LIBRAIRE-ÉDITEUR
PASSAGE DELORME

1858.

NOTICE

HISTORIQUE ET ARCHÉOLOGIQUE

SUR LE CHATEAU ET LA VILLE

DE CHATEAU-THIERRY.

PARTIE HISTORIQUE.

L'opinion la plus générale est que le Château qui domine Château-Thierry fut construit vers l'an 720, par Karl-Martel ou plutôt *Marteau*, comme l'appelaient ses compagnons d'armes, pour le fantôme de roi Theodorik IV. — Karl possédait déjà dans la contrée, sur la montagne des Chesneaux, une métairie et une maison de plaisance. On y voit encore une cour qui a conservé le nom de *cour de Mont-Martel*, [1] et qui n'est autre que l'emplacement de la métairie dont les derniers vestiges disparurent en 1789; ils consistaient en une

---

[1] Chors Montis Martelli. (Mss.)

porte et une tour dans laquelle les religieux de Val-Secret rendaient la justice (¹). Quant à la maison de plaisance elle était située un peu plus bas, et de l'autre côté de la rue (²).

Le Château à peine construit, les populations continuellement inquiétées dans ces temps de guerres civiles, s'empressèrent de venir s'établir autour d'une forteresse qui pouvait les protéger contre les attaques reitérées des bandes armées. C'est du reste l'origine de toutes les villes qui eurent pour berceau un château-fort. Cependant tout nous porte à croire que bien avant la fondation du Château, il existait sur les collines environnantes des habitations en assez grand nombre pour former non un *oppide* mais un *vicus* (³), et que la véritable origine de Château-Thierry est gallo-romaine. Du reste, il y a quelques années, on voyait encore dans la prairie qui est traversée aujourd'hui par le chemin de fer, les vestiges d'une chaussée romaine et le Peuple-Roi avait déjà jeté un pont sur la Marne dès le règne de Néron et de Vespasien (⁴).

La ville naissante reçut le nom de son royal seigneur ; ou trouve dans les anciennes chartes *Castrum Theodorici*, *Castellum Teuderici*. Robert Gaguin (⁵) la nomme

---

(1) Abbaye de l'ordre Prémontré, située sur la route de Soissons, à environ 4 kil. de Château-Thierry.

(2) Un manuscrit du xviie siècle dit qu'on y voyait des vestiges d'un vieux palais que Karl occupait assez souvent et qui fut habité depuis par les reines Blanche et Jeanne (POQUET, *Histoire de Château-Thierry*. t. 1, p. 5.

(3) Nous nous réservons d'exposer cette opinion avec toute l'importance qu'elle comporte dans un ouvrage plus étendu auquel nous travaillons depuis près de dix ans.

(4) Ce pont était situé sur la place du Beau-Richard ; la rivière ou plutôt un des bras de la rivière, avait alors son cours par les prés et marais de Brasles. (Mss.)

(5) Hist. du Royaume de France.

Castrum Thierricum; et Duhaillan *Theoderici Castrum* (¹).

Le Château fut souvent habité par les rois de la seconde race et jusqu'au règne de Charles-le-Simple, nous ne voyons aucun événement remarquable à signaler dans l'histoire de Château-Thierry. A cette époque, les Normands commençaient à désoler la France, et déjà le comte Heribert Ier de Vermandois qui avait su réunir à ses domaines le comté de Château-Thierry, avait été forcé de les chasser à plusieurs reprises de ses Etats, lorsqu'il fut assassiné par ordre de Beaudoin, comte de Flandre. Son fils Heribert II lui succéda, mais plus ambitieux et plus astucieux que son père, il abandonna le parti du roi pour embrasser celui de ses ennemis, et bientôt le malheureux Charles, battu par Hugues-le-Grand, sur les bords de l'Aisne, fut forcé de s'enfuir en Lorraine et se vit détrôné par le beau-frère de son vainqueur, Raoul duc de Bourgogne.

Heribert qui voulait se faire bien venir du nouveau roi, attira chez lui Charles-le-Simple, et au bout de quelques jours il le fesait conduire à Château-Thierry (923) (²) Charles était depuis quatre ans dans cette forteresse, quand Heribert vint lui apprendre sa délivrance. En effet, le comte de Vermandois, mécontent du refus du comté de Laon qu'il avait demandé, avait résolu d'en tirer vengeance en faisant acclamer son

---

(1) Nous ne comprenons pas que M. Melleville, dans son dictionnaire historique du département de l'Aisne, paraît ignorer complètement l'origine de Château-Thierry; l'histoire de cette ville, par M. l'abbé Poquet, donne à ce sujet de très bons renseignements fournis par des documents inexcusables.

(2) Frodoard, Chron. Eccl. Rem.

prisonnier; mais Raoul voyant la faute qu'il avait commise, fit offrir le comté de Laon à Heribert qui s'empressa de réintégrer le pauvre roi détrôné dans sa prison de Château-Thierry. Une des tours étant venue à brûler, (¹) il fut conduit à Reims et de là à Péronne où il mourut.

Nous ne pensons pas qu'Heribert ait poussé la cruauté jusqu'à renfermer Charles dans une tour; cependant on montre encore une grosse tour qui forme l'angle du Château du côté de la ville et qu'on appelle *Tour du roi Thierry*; il est certain que jamais Théodorik IV n'a été enfermé, puisqu'il était au contraire traité avec beaucoup d'égards par Karl-Martel qui du reste gouvernait en son nom; il n'y a pas le moindre doute à cet égard. Mais en général, il faut faire la part des légendes populaires qui, si elles ne sont pas toujours exactes dans les détails, s'appuient toujours aussi sur un fond de vérité. Nous croyons donc que la tour de Thierry, que quelques-uns appellent aussi *prison du roi*, n'est autre que la prison de Charles-le-Simple, si toutefois ce malheureux prince a jamais été si rigoureusement traité, ou mieux encore, la prison indispensable à tout château-fort (²).

C'est sous le règne d'Heribert que la chapelle du Château reçut les reliques de Saint-Cénéric, dont les religieux

---

(1) Frodoard, Chron. Eccl. Rem. Præsidii etiam Heriberti turris super maternum fluvium ubi Karolus custodiebatur subitaneo conflagravit incendio.

(2) M. Poquet se trompe quand il prétend que la *prison du roi* fut abattue avant la Révolution et qu'elle était placée derrière une tour. Nous croyons au contraire que la véritable *prison du roi* s'étendait depuis et y compris la grosse tour jusqu'aux environs du bastion carré appelé la tour Bouillon. La prison devait s'élever sur cette tour et ce qui en reste étaient les cachots au-dessous desquels devaient se trouver les oubliettes.

Prison du Roi.   Tour Bouillon.

fuyaient les brigandages des Normands ; et depuis ce temps elles ont toujours été en grande vénération à Château-Thierry, qui regarde ce saint comme son patron tutélaire.

Château-Thierry eut à subir plusieurs sièges, tant de la part du roi Raoul qui, après la mort de Charles-le-Simple, voulait se venger des trahisons sans cesse renouvelées du comte de Vermandois, que de celle de ce dernier qui fesait tous ses efforts pour rentrer dans ses États. Le premier, qui était dirigé par la reine Emma, en l'absence de son mari, dura six semaines, au bout desquelles le gouverneur, nommé Walon, capitula honteusement avec la reine. Heribert parvint à rentrer par surprise à Château-Thierry qui fut de nouveau assiégée par Raoul et ne se rendit qu'au bout de quatre mois. Heribert fut donc obligé de capituler, mais à peine l'ennemi était-il parti, qu'il refusa d'exécuter les conditions de la capitulation. Raoul revint donc une troisième fois, la paix ne fut définitivement conclue qu'en 934 et Château-Thierry fut une des villes que le comte de Vermandois fut obligé d'abandonner. Raoul étant venu à mourir au bout de deux ans, Heribert profita des troubles occasionnés par cette mort, pour rentrer à Château-Thierry dont les portes lui furent ouvertes par ce même Walon qui l'avait déjà trahi. Inutile d'ajouter que le premier soin du comte fut de faire jeter le traître dans un cachot où il mourut de faim. Le comté de Château-Thierry resta jusqu'en 945 dans les mains de la famille d'Heribert ; à cette époque, il devint la propriété de Richard comte de Troyes qui paraît l'avoir vendu ou donné en fief à un nommé Thierry.

La durée du règne de Thierry et de ses enfants, fut une

ère de bonheur et de prospérité pour le pays, Thierry s'empressa de réparer la forteresse qui changea presque complètement de physionomie; par suite, la ville s'agrandit d'une manière notable et il se forma pendant les vingt années que dura son gouvernement, une espèce de petite ville qu'on appela le Bourg (¹).

Les enfants de Thierry succédèrent à leur père et purent continuer assez paisiblement son œuvre; d'un autre côté ils avaient également su se concilier les bonnes grâces des comtes de Champagne, leurs suzerains, qui paraissent s'être réservé des biens dans la seigneurie de Château-Thierry (²).

Hugues, fut le dernier seigneur feudataire de Château-Thierry; c'était un homme d'une naissance très illustre qui tenait un rang distingué dans l'État (³). D'autres le croient parent des comtes de Champagne, (⁴) et les Chartes l'appellent *Dignasta*, seigneur d'un grand pouvoir (⁵); il agrandit le Château, et construisit la porte d'entrée dont on voit encore les restes; c'est un des beaux morceaux d'architecture militaire du xi° siècle. A cette époque, le Château n'avait pas l'étendue qu'il a aujourd'hui; il y avait entre la première enceinte et la porte actuelle, un espace vide qu'on appelait le Mont-Blanc. Hugues l'entoura de murs flanqués de tours et

---

(1) Mémoires pour servir à l'histoire de Château-Thierry.
(2) Baugier, Hist. de Champ, t. 1.
(3) Le père Legris. Chron. de St-Jean-des-Vignes.
(4) Renaud. Abrégé de l'Histoire de Soissons
(5) Antiq de Château-Thierry. (Mss)

de bastions ; dès lors cette forteresse fut regardée comme une des plus dures de France. Hugues mourut en 1076 ; Château-Thierry passa sous l'autorité immédiate des comtes de Champagne, qui surent se faire aimer et respecter ; mais le plus illustre de tous, et celui qui affectionna le plus Château-Thierry est sans contredit Thibault II, surnommé le Grand. Ce prince fit construire sur le Château à l'entrée du second fort, derrière l'église, une chapelle qui fut dédiée à Thibault, il fit ensuite élever dans l'avant-cour une haute tour pour y placer un moulin à vent et des moulins à bras ; puis, au moyen de tuyaux et de conduits, il fit amener l'eau sur le sommet du Château qui se trouva posséder, outre un puits très profond et une citerne, deux jets d'eau, un abreuvoir et un canal séparant les deux forts (1). Thibault ne borna pas ses travaux à son Château, il fit reculer le lit de la rivière, construisit un fort (2) près du pont, entoura la ville de murs, et jeta les fondements de la porte Saint-Pierre (3) qui était une des principales entrées de la ville.

Les successeurs de Thibault-le-Grand continuèrent les œuvres de ce prince, laissant dans notre pays des traces de leurs bienfaits dont le souvenir n'est pas encore effacé. Nous citerons, entre autres : la fondation de la Maison-Dieu de la Barre (4), en 1210, par Blanche de Navarre, épouse de Thibault II ; la Charte de commune donnée à Château-Thierry

---

(1) Poquet. Hist. de Château-Thierry, t. 1.
(2) Le fort St-Jacques dont nous parlerons plus bas.
(3) Cette porte flanquée de deux grosses tours, se voit encore : elle est située à l'entrée du faubourg de la Barre.
(4) Cet hôpital devint en 1217 une abbaye de Religieuses.

par le comte Thibault IV (¹) en 1231, et l'agrandissement de l'église Notre-Dame du Château qui datait du vɪɪɪᵉ siècle, par Blanche d'Artois, comtesse de Champagne et reine de Navarre en 1276. C'est à cette princesse dont le nom est resté si populaire parmi nous, que Château-Thierry doit une partie de ce qui a contribué à sa prospérité. Elle institua la *Basoche* à qui elle accorda divers priviléges, fonda un collége (²) et donna à la jeunesse de la ville le lieudit les *Petits-Prés* (³), *pour servir à ses esbats et divertissements.*

Avec la reine Blanche finit la dynastie des comtes de Champagne, sa fille Jeanne ayant épousé Philippe-le-Bel; le comté de Château-Thierry rentra dans le domaine de la Couronne.

Jeanne qui avait les qualités de ses ancêtres et qui du reste affectionnait beaucoup Château-Thierry, a fondé l'Hôtel-Dieu, établissement impérissable qui a survécu à tous les changements et à toutes les révolutions. Nous ne voyons rien de remarquable à enregistrer dans l'espace de temps qui s'écoula depuis la mort de Jeanne en 1304, jusqu'à l'époque où la plus grande partie de la France devint la proie des Anglais.

---

(1) Le comte Thibault s'est rendu célèbre comme guerrier, comme poète et surtout par ses amours avec Blanche de Castille, mère de St-Louis. (Voir notre étude sur la vie de ce Prince.)

(2) Le collége avait tous les ans, la semaine avant les jours gras, des jeux particuliers; l'un d'eux est connu sous la dénomination de jeu de la *Veude* ou de *l'Engueule.*

(3) Les Petits-Prés ont été pendant longtemps fréquentés par la bonne compagnie, et pour répondre aux intentions de la reine Blanche, les compagnies d'Arbalétriers et d'Arquebusiers en firent le théâtre de leurs jeux.

Le Comté de Château-Thierry fut donné en apanage à Louis d'Orléans, en 1400, et vingt ans après, malgré l'héroïque défense du brave Lahire, cette malheureuse ville qui avait déjà beaucoup souffert de la *Jacquerie* et pendant les luttes intestines entre les Armagnacs et les Bourguignons, tomba au pouvoir des Anglais. Ils n'en furent chassés qu'en 1429, par Jeanne d'Arc.

Par le traité de Péronne, Louis XI en assura la possession au duc de Berry, son frère, mais à la mort de ce prince il la céda au connétable de Saint-Pol en échange de l'île de Ré (1473); puis quand le connétable eut été décapité, il la donna au Bâtard de Bourgogne (1478). Enfin, Louis XII rentra dans sa possession en 1502.

François 1er établit à Château-Thierry deux foires par année pour la vente des cuirs et des étoffes différentes, et fit construire un nouveau pont sur la Marne, pour remplacer celui des romains qui tombait en ruines.

En 1526, Château-Thierry passa dans le domaine des ducs de Bouillon, et c'est à dater de ce moment qu'elle prit pour devise, *nul ne s'y frotte*, avec la couronne de houx (¹).

Charles-Quint entra par capitulation à Château-Thierry en 1544, elle n'en fut pas moins pillée et ravagée malgré la foi jurée. Sept ans après, Henri II l'érigea en présidial. En 1566,

---

(¹) Robert de la Marche, seigneur de Fleurange, auquel François 1er donna Château-Thierry, était fils du prince de Sedan surnommé le *Sanglier des Ardennes*. Ce prince s'était fait représenter sur son étendard offrant deux cierges, l'un à Dieu, l'autre au Diable, avec cette devise : *Si Dieu ne veut m'aider, le Diable ne me peut manquer*, et ces mots : *Nul ne s'y frotte*.

Charles IX la constitua en duché-pairie pour son frère le duc d'Alençon ; ce prince y mourut en 1584. Pendant les guerres de la ligue, Henri IV confia la défense de Château-Thierry au nommé Lanoue qui défit les ligueurs dans plusieurs sorties ; malheureusement, Henri IV eut la maladresse de le remplacer par un sieur de Pinard, et à peine était-il installé qu'il livrait la ville au duc de Mayenne, en 1591. Le duc y laissa une forte garnison sous le commandement de Saint-Chamans. En 1593, celui-ci remit Château-Thierry à Henri IV, qui le maintint dans son poste et rendit aux habitants tous les privilèges dont ils avaient été dépouillés.

Pendant la minorité de Louis XIII, les princes assiégèrent Château-Thierry et s'en emparèrent (1614) ; deux ans après elle rentrait sous l'autorité royale et devint alors l'apanage de François d'Orléans comte de Saint-Pol, qui la combla de bienfaits. A sa mort (1631), le roi reprit possession du duché et vint souvent habiter le Château avec Anne d'Autriche et Richelieu.

En 1650, lors de la première invasion des Lorrains, Château-Thierry fut préservée de leurs attaques, grâce à l'attitude énergique du prieur du monastère de Coincy, Jacques Bataille qui, ayant armé ses moines, tint tête à douze cents Lorrains qui l'assiégeaient dans son abbaye et les contraignit à se retirer. La ville eut moins de bonheur en 1652, Charles de Lorraine put y pénétrer et ses soldats exercèrent les plus grandes cruautés sur les habitants; les annales de la ville nous ont conservé le souvenir du dévouement patriotique d'un échevin nommé Etienne de Barny, qui ayant refusé de livrer aux ennemis la caisse de la mairie et le trésor de Saint-Crépin, fut enchaîné, dépouillé de ses vêtements et traîné par les rues ; il fut ensuite attaché à une colonne et meurtri de coups, il succomba héroïquement à son martyre.

En 1652, Louis XIV échangea les terres d'Albret et de Château-Thierry contre la principauté de Sedan, la maison de Bouillon rentra donc en possession du duché et le conserva jusqu'à la Révolution. Les fortifications du Château furent rasées, (1700) et le dernier hôte illustre que reçurent ces vieilles murailles fut Marie de Mancini, qui bannie dans ses terres, vint passer son exil à Château-Thierry. Ce fut à cette époque qu'une aventure scandaleuse amena la suppression de l'abbaye de la Barre, renversée de fond en comble en 1745.

L'effervescence des passions politiques pendant la Révolution se manifesta à Château-Thierry, et bientôt elle fut obligée de supprimer son nom pour prendre celui de *Égalité-sur-Marne*.

Sous l'Empire, la ville eut plusieurs fois l'honneur de recevoir Napoléon dans ses murs, et en 1814, sa position stratégique en fit un des centres les plus importants des opérations militaires. Les généraux Blucher, York et Saken, s'en emparèrent le 9 février et après la victoire de Montmirail, les troupes coalisées s'y concentrèrent. Elles furent bientôt obligées d'évacuer la ville où elles avaient commis les plus grands excès; ils y rentrèrent le 24 et la mirent de nouveau au pillage, mais le 8 mars l'apparition de l'Empereur jeta l'épouvante parmi eux et ils s'enfuirent en désordre. La garnison française fut forcée d'abandonner la ville, le 22 mars, l'ennemi y rentra et se porta de nouveau à toutes sortes de violences.

Le retour de la paix vint mettre un terme à toutes ces souffrances.

Les armes de Château-Thierry sont : *d'azur à un Château composé de cinq tours d'argent, pavillonnées et girouettées de même, posées en fasce, accompagnées de trois fleurs de lys d'or, posées deux en chef et une en pointe;* l'écu entouré de deux branches de houx et surmonté de la devise, *Nul ne s'y Frotte.*

Ici se termine notre tâche d'historien; il nous faut maintenant prendre le lecteur par la main et lui faire voir les curiosités de notre ville, plus tard et ce temps n'est peut-être pas très éloigné nous le conduirons dans les environs qui, sans exception, sont tous enchanteurs; le voyage sera plus long, et les yeux étant charmés, la conversation paraîtra moins ennuyeuse.

PARTIE ARCHÉOLOGIQUE.

LE CHATEAU.

La première entrée du Château était la porte Saint-Pierre, composée de deux tours massives et d'une ogive surmontée d'un blason; elle était garnie d'un pont-levis et de herses, une muraille terminée à l'angle par une tour venait de chaque côté rattacher à cette porte et la protéger. Au-delà se trouve la première enceinte par Hugues au xie siècle. Rien de plus majestueux que son entrée flanquée de tours anguleuses et bosselées, sa voûte tortueuse qui, il y a une quinzaine d'années, était précédée d'une arcade ogivale dont il ne reste plus que les piliers. Si nous pénétrons à l'intérieur, l'aspect est saisissant et la vue de ces vieilles murailles que le temps semble vouloir protéger de son manteau, de ces salles voûtées qui se présentent dans toute leur simplicité sévère et grandiose, inspire aux visiteurs un respect dont il est impossible de se défendre. A droite et à gauche, on voit une salle éclairée par des meurtrières et où se trouve un escalier qui conduit aux étages supérieurs composés de couloirs et de salles voûtées, garnies de leurs cheminées. Il n'en reste plus qu'une fort bien conservée, l'autre ayant été démolie quand on eut la malencontreuse idée de diminuer la hauteur des tours. Ces salles servaient de corps de garde; elles avaient chacune une chambre pour l'officier, et leurs cabinets d'aisances se voient encore à l'entrée des couloirs qui conduisent sur la plate-forme.

Avant la Révolution, la première enceinte qu'on nommait *l'avant cour*, était couverte de maisons particulières, et il y a quelques années, on y voyait encore la maison qu'habitait Richelieu quand Louis XIII venait à Château-Thierry ; mais au temps de sa splendeur féodale, il n'y avait que des logements et des magasins. Tout près de la porte se trouve l'entrée de souterrains qui n'ont aucune importance au point de vue stratégique.

La seconde enceinte était séparée de la première par un large fossé que l'on traversait sur un pont de deux arches, sur la tête duquel venaient s'appuyer deux tourelles qui formaient l'entrée de ce second fort. Cette partie du Château est la plus considérable et la plus ancienne. Les tourelles et le pont ont disparu ; il ne reste plus que la base d'un donjon qui, à en juger par les vues anciennes et par ce que nous en avons sous les yeux, devait être formidable. Il se nommait *Donjon ou tour St-Thibault,* et quelques auteurs donnent à Thibault-le-Grand l'honneur de sa construction. C'est une opinion qui, selon nous, n'est pas admissible. Il est probable que Thibault-le-Grand aura pu y faire des répa- rations, et du reste la partie gauche en pourrait servir de preuve, mais la partie droite est bien antérieure au xiie siècle. Nous ne pouvons nous empêcher de voir dans ce curieux édifice un bel et rare échantillon de construction Méro- vingienne.

Auprès du donjon s'élevait la chapelle Saint-Thibault, fondée par Thibault-le-Grand et qui aura sans doute donné son nom au donjon, lors des réparations que ce prince a pu y faire. Tout à côté de cette chapelle se trouvait la vieille église romane, placée sous le vocable de Notre-Dame, derrière laquelle était le cimetière.

L'église du Château avait une crypte ou église souterraine où furent déposées les reliques de Saint-Cénéric et plus tard celles de Saint-Thibault, quand la chapelle fut démolie.

A la suite de l'église étaient le presbytère, le palais du

Donjon St Thibaud.

Porte St Pierre

prince et les logements pour les troupes et les gens de service ; toutes les constructions se trouvaient au Sud. Le second fort renfermait en outre deux jets d'eau, un puits appelé le *Puits de l'Abîme*, un abreuvoir et une citerne.

La *Prison du Roi* est la tour qui forme l'encoignure de la pointe occidentale ; elle passe pour avoir servi de cachot à Thierry, mais comme nous l'avons dit dans la première partie, si elle a servi à un roi, cela ne pourrait être qu'à Charles le Simple. Non loin de cette tour, du côté Sud, est la *Tour Bouillon* et la *Tour Rouge*.

Auprès du donjon Saint-Thibault, on a découvert tout recemment l'entrée d'un souterrain ou, pour parler plus exactement, de plusieurs souterrains assez curieux et qui pourraient peut-être donner raison à l'antique tradition qui voudrait qu'un souterrain partant du Château pour descendre sous la Marne, vînt sortir à Nogentel. Ce souterrain a d'abord une sortie sur la promenade qui règne sous les remparts Sud ; mais comme au temps où les souterrains ont été construits, il n'existait pas de promenade de ce côté puisque ce n'était qu'un fossé, on peut affirmer qu'il rejoignait ceux qui se trouvent sous la plupart des maisons de la rue du Château et de la Grand'Rue auxquelles ils servent actuellement de caves. Pour ce qui est du passage sous la Marne et de la sortie à Nogentel, il serait impossible de rien affirmer à cet égard, cependant nous croyons que la crédulité populaire toujours portée au merveilleux, aura exagéré de beaucoup l'importance de ces souterrains.

Une des curiosités du Château était le *Puits de l'Abîme*. Il était de forme carrée, creusé dans la roche, et avait 216 pieds de profondeur, d'autres disent 300 coudées ; on y entendait, dit-on, un grand bruit; ce qu'il y a de certain, c'est que l'on voit par un ancien compte des domaines, que l'on fût obligé d'y employer les hommes les plus robustes de la province et de leur donner deux sous six deniers par jour. On a beaucoup plaisanté du bruit que l'on entendait intérieurement, mais comme depuis 1814 il a été comblé, on ne peut rien affirmer à cet égard. Ce qui paraît plus que douteux à bien des gens, peut être fort naturel : ainsi, à Vauberon, près Villers-Cotterêts, il y avait au fond d'un puits un torrent tellement fort qu'il entraînait tout ce que l'on y descendait pour puiser de l'eau. De même à Villeneuve-sur-Verberie (1), un torrent emportait tout ce qu'on jetait pour combler un certain puits qui était devenu la terreur du pays.

La citerne se trouvait dans un des souterrains qui sont auprès du donjon de Saint-Thibault ; on peut encore la voir, elle est taillée dans la roche et paraît avoir été comblée en partie.

Comme le Château peut passer pour un des plus curieux de la contrée, par son étendue qui était considérable et par les souvenirs qui s'y rattachent, il est fâcheux qu'après la Révolution on n'ait pas songé à en conserver les ruines au lieu de les détruire comme on l'a fait; il renfermait encore des débris fort curieux et on pouvait alors se faire une idée des constructions qui le couvraient.

(1) Carlier, hist. du Valois. Introduct., page 15e.

Sortie du Château.

Souterrain

LA VILLE

Château-Thierry n'a pas de beaux monuments. Tout ce qui pouvait attirer l'attention a été détruit, partie dans les siéges sans nombre qu'elle a eu à soutenir, partie pendant la Révolution. — Avant 1789, la ville comptait trois paroisses ([1]), trois couvents de religieux ([2]), un de religieuses ([3]), trois hopitaux ([4]), et quatre Chapelles ([5]). Il ne reste maintenant qu'une seule Eglise, l'Hôtel-Dieu et l'Hôpital de la Charité. Château-Thierry était entourée de fortifications et fermée par quatre portes dont il ne reste aucun vestige; quant au mur d'enceinte, on en voit encore des restes derrière l'Hôtel-Dieu et sur le Champ-de-Mars, occupé autrefois par le lit de la rivière; à cette époque, la

---

(1) *Notre-Dame du Château*, *Saint-Martin*, dans la rue du village Saint-Martin et *Saint-Crépin* qui existe encore.

(2) Les *Capucins*, dans le faubourg de Marne, les *Minimes*, auprès de Saint-Crépin, les *Cordeliers*, dont les bâtiments sont occupés par le collége.

(3) *Congrégation du bienheureux père Fourfier*, occupé par la poste aux chevaux.

(4) L'*Hôtel-Dieu* et la *Charité*, encore existant, et l'hôpital de la *Madeleine*, près de l'ancienne église de ce nom. La *Madeleine* fut la première paroisse de la ville, il n'en reste plus rien.

(5) *Notre-Dame du Bourg*, au Beau-Richard, *Saint-Jacques*, dans la rue du Pont, *Saint-Nicolas*, à l'entrée du faubourg de Marne, et la chapelle *Toussaint*, tout à côté de Saint-Nicolas.

belle promenade qui règne le long de la Marne, n'existait pas, ce n'était qu'une île et le pont arrivait jusqu'à l'entrée de la ville. Un fort dont il ne reste que le beffroi dans lequel on a placé l'horloge de la ville, en défendait les approches. Il était connu sous le nom de fort St-Jacques ou plutôt sous celui de *Balhan*; on prétendait qu'il avait été construit, en 1520, par un marchand nommé Jean Balhan qui le donna à la ville. (¹).

Ce beffroi a été construit par Thibault-le-Grand en 1120, il renferme encore un magnifique escalier, une petite chapelle et la chambre du veilleur, c'est certainement un des monuments les plus intéressants de Château-Thierry.

Saint-Crépin, qui est maintenant la seule église que nous possédions, est inachevée; du reste elle n'a rien de remarquable, elle est lourde, massive et ne dément pas l'époque où elle a été construite (²).

La Chapelle de l'Hôtel-Dieu renferme un monument d'une grande beauté, c'est le tombeau de M. et Mme de Stouppe qui furent les bienfaiteurs de cet établissement, fondé par la reine Jeanne.

La *Charité* qui se trouve à l'extrémité du faubourg de la Barre a remplacé la Léproserie; elle fut fondée en 1663 par la du-

---

(1) L'inscription qu'on lit autour de la cloche a seule donné lieu à ce conte absurde. Balhan, qui n'était qu'un marchand grainetier, n'aurait pas eu l'idée d'élever une maison accompagnée d'un donjon; pourquoi faire ? Et puis du reste l'inscription ne prouve qu'une chose, c'est qu'il fit faire la cloche; quant au donjon, il n'en est pas question.

(2) Quand Château-Thierry fut pris par les Anglais en 1421, la plupart de édifices avaient presque tous été détruits, pendant le siége que la ville eût à soutenir, on fut obligé de reconstruire entièrement Saint-Crépin.

chesse de Bouillon et était dirigée par des religieux de l'ordre hospitalier de Saint-Jean de Dieu. La Chapelle ne fut construite qu'en 1749, et n'a rien de curieux.

Le voyageur doit également remarquer à Château-Thierry, le pont avec lequel la ville communique avec le faubourg de Marne. Il a remplacé le pont de neuf arches, construit par François Ier lorsqu'il fit démolir celui des Romains. On admire la hardiesse de ses trois arches et la grosseur des grès avec lesquels il est construit.

La statue en marbre blanc que Louis XVIII fit élever à La Fontaine, le 6 novembre 1824, est due au ciseau du sculpteur Laitre; elle est placée au bout de la Levée, en face le pont; en cherchant bien, on pourrait peut-être la mettre à un endroit plus commode.

Château-Thierry a vu naître plusieurs personnages illustres en tête desquels nous devons placer le bon et inimitable Jean de La Fontaine, né le 8 juillet 1621 ; celui-là éclipse tous les autres. — Saint Thierry, évêque d'Orléans (IIe siècle); Gautier, évêque de Paris (1249); Jean Le Mercier, recteur de l'Université de Paris, mort en 1584 ; Claude Witard, traducteur renommé du XVIe siècle; Antoine le Gaudier, professeur de théologie (1622); Daniel Beguin, jésuite, auteur de plusieurs ouvrages ascétiques (1656); Claude Gallien, médecin distingué; Jacques Mentel, médecin littérateur; Nicolas Harmand marquis d'Abancourt, député aux Etats-Généraux ; Mme Gallien, auteur de l'Apologie des Dames, publié en 1737 ; François Domet, ingénieur (1826); Letellier, auteur dramatique ; Revel, peintre d'histoire sous Louis XIV ; Jacques Pesselier, littérateur et poëte ; Pinterel, procureur du roi au présidial, qui a mis en vers les œuvres de Sénèque; Auguste Lhomme, chirurgien, et Charles Renard, conservateur de la bibliothèque de Fontainebleau, auteur de plusieurs ouvrages appréciés.

En somme, Château-Thierry est une gentille petite ville, agréablement située, au milieu d'une campagne délicieuse, environnée de coteaux qui en rendent l'aspect pittoresque. Elle possède de belles promenades, au nombre desquelles nous citerons *la Levée* et le Château sur lequel on vient de créer un jardin anglais magnifique mais qui ne remplacera jamais les augustes ruines qui le couvraient il y a à peine quelques années.

www.ingramcontent.com/pod-product-compliance
Lightning Source LLC
Chambersburg PA
CBHW060524050426
42451CB00009B/1155